はじめに

　神戸市の消費生活マスター介護問題研究会では、サービス付き高齢者向け住宅（以下、サ高住と略す）の見学にあたって利用しやすいチェックリストの作成とその解説のために、2015年に『サ高住の探し方』を世に送り出しました。それに続き、2017年には、サ高住の契約時に気を付けるべき項目とその分かりやすい解説を目指して、『サ高住の決め方』を出版しました。
　一般人には読みにくく、わかりにくい契約書・重要事項説明書ですが、入居してみたら、事前説明と実情とが食い違っていることもあるでしょうし、入居後に生じる心身の状態の変化や人間関係の難しさなどもあるでしょう。そのような場合、当該サ高住から他のサ高住に転居したり、特別養護老人ホームに入所したり、あるいは死亡により退去することもあるでしょう。その際、入居者や家族が確認すべき項目を挙げた解約時チェックリストを作成し、わかりやすく解説することとしました。
　研究会のメンバーは、日頃から市民の消費者相談や住まいの相談を受けたり、自ら長年にわたって近親者を介護したりした経験を持っています。そうした経験をベースに、介護問題研究会の成果を活かして、神戸市の消費者学級で市民に対してサ高住に関する講義を行っています。これらの活動を支援してくださった神戸市と信山社に対し、心からの謝意を表します。

2019年2月

　　　　　　　　　　　　　　　　監修者・本澤巳代子

目　　次

はじめに　………………………………………………………　1

目次　………………………………………………………………　2

この本の使い方　………………………………………………　3

1. サ高住（サービス付き高齢者向け住宅）とは　…………　4

　1-1　サ高住の基本情報　………………………………………　4

　1-2　サ高住に入居する時のポイント　………………………　5

　1-3　サ高住の契約の種類　……………………………………　6

2. サ高住を解約する時　………………………………………　7

　2-1　サ高住の住み替えを考える時　…………………………　7

　2-2　サ高住を退去する時のポイント　………………………　8

　2-3　解約時チェックリストの使い方　………………………　10

3. それぞれのモデルケース　…………………………………　16

　3-1　Aさんのケース　…………………………………………　17

　3-2　Bさんのケース　…………………………………………　22

　3-3　Cさんのケース　…………………………………………　27

　3-4　Dさんのケース　…………………………………………　32

4. 用語解説　……………………………………………………　37

5. 参考文献　……………………………………………………　45

参考資料　………………………………………………………　46

　　1）高齢期の住まい　比較表　……………………………　46

　　2）チェックリスト　………………………………………　48

　　3）サ高住解約のてびき　…………………………………　51

あとがき　………………………………………………………　55

この本の使い方

・はじめのページから順に読み進むことも、必要なところから読むこともできます。
・詳しい説明を知りたい時は、後ろの用語解説（50音順）を参照ください。ページ欄外に「→Q1（P37）」と案内しています。
・４つのモデルケース（一人暮らしの70代女性、夫が要介護の80代夫婦、認知症の親を呼び寄せた60代夫婦、一人暮らしの70代男性）がサ高住から住み替える過程を紹介します。ご自身に近い状況を参考にしてください。

※「解約時チェックリスト」について
①解約に必要な項目をリストに添って質問して確認できます。
②リーフレット「サ高住解約のてびき」に収載。
③リーフレットは本書の巻末に添付しています。解約のポイント、チェックリスト、相談先一覧の３部構成。
神戸市ホームページからダウンロードできますので、下記のアドレスにアクセスしてお使いください。
http://www.city.kobe.lg.jp/life/livelihood/lifestyle/kcs/kaigo-kenkyukai.html

◇B5サイズ４ページ
◇書き込み式
◇大きな文字
◇わかりやすい言葉
◇親しみやすいイラスト

● 1　サ高住（サービス付き高齢者向け住宅）とは●

　サ高住とは、主に高齢者を対象としたバリアフリー設備と状況把握や生活相談サービスがある賃貸住宅。自宅での生活が不安になったときの住み替え先として注目され、急増しています。入居者の介護度やサービスの種類は千差万別のため、状況の変化によって住み替える可能性があります。チェックリスト＊など　→P6を活用して「終の棲家（ついのすみか）」となるか確認しましょう。

1-1　サ高住の基本情報

　サ高住は、一人暮らしの高齢者の受け皿となるように、改正高齢者住まい法（2011年）により整備されました。2018年11月末現在、全国で約24万戸になりました。

・入居できる方

　60才以上の高齢者と介護保険の要介護・要支援認定を受けている方。同居が必要な配偶者または60才以上の親族。

・部屋の広さと設備

　居室は、25㎡（トイレ・台所・浴室・洗面付き）ワンルームタイプが基本ですが、全体の7割がお風呂と台所が共同になる18㎡タイプです。段差解消などのバリアフリー設計。

・受けられるサービス

　基本サービス（有料）の「状況把握」と「生活相談」が必ず提供されますが、具体的な内容はサ高住により異なります。食事・家事援助・介護などの追加サービス（有料）は、原則的に外部の事業所から提供され、その種類もサ高住により異なります。

4　サ高住とは

・サ高住のタイプ

　立地や提供されるサービスにより、都市型、郊外型、自立型、医療連携型、介護重視型などに分類され、入居要件や退去要件、サービスは千差万別です。経営主体も株式会社、医療法人、社会福祉法人、個人などさまざまです。

・その他

　支払い方法は月払い式と前払い式*Q15があります。集合住宅のため、食事・入浴時間やペットの飼育などが制限されます。

→Q15
（P42）

1-2　サ高住に入居する時のポイント

　入居までの流れは、情報収集→見学（2カ所以上）→相談・比較検討→契約→入居準備→入居。高齢期を安心して暮らすためにしっかり準備しましょう。

・必要書類を準備します

　　住所変更…転居届（市内）、転入・転出届（市外）、年金、医療保険、介護保険、印鑑証明、マイナンバーカード、電気・ガス・水道・電話・インターネット、新聞、郵便

・入居する居室を施設担当者と確認します

　　入居前の傷や破損個所の有無、現状を写真撮影

　　共用部や居室内設備の使用方法

　　福祉用具の設置など、できる事とできない事

・信頼できる人に立ち会ってもらいましょう

　　緊急時の対応や夜間の連絡方法

　　契約書などと実際のサービスとの比較

サ高住とは　5

1-3 サ高住の契約の種類

① **普通建物賃貸借契約**：賃料を払って特定の居室を使用する権利を得ます。居室変更の可能性がなく借家人の居住権が法的に確保されます。

② **定期建物賃貸借契約**：決められた定期期間の終了後は更新がありません。契約終了後は住めませんので、残存年数の確認が大切です。

③ **終身建物賃貸借契約**：入居者が生きている限り存続し、死亡時に終了する「一代限り」の借家契約です。

④ **利用権契約**：既存の有料老人ホームがサ高住に登録した場合に主に適用します。居室、設備、サービスを利用する権利を購入するので、入居途中で居室変更の可能性があります。

★チェックリスト★

多様なサ高住から自分に合った住まいを探し、契約、そして解約するために、3種類のチェックリストを作成しました。

・見学時チェックリスト（本人用・家族支援者用）
　　探す時に記入して、記録として残し、解約時に比較。
・契約時チェックリスト
　　契約する時に記入して、記録として残し、解約時に比較。
・解約時チェックリスト：解約する時に記入して、確認。

本書の巻末参考資料（P48-54）をご覧ください。また神戸市ホームページ（介護問題研究会）からダウンロードできます。
http://www.city.kobe.lg.jp/life/livelihood/lifestyle/kcs/kaigo-kenkyukai.html

● 2 サ高住を解約する時 ●

　サ高住は賃貸住宅ですから、住み続けることが難しくなった場合は、我慢せずに転居を考えましょう。高額な入居一時金が必要な有料老人ホームよりも、転居は気軽かもしれませんが、賃貸住宅ならではの確認が必要です。退去する時に「思わぬ費用がかかった」「希望通りに解約できなかった」とならないように、契約書の解約に関する条項をしっかりと確認しましょう。

2-1 サ高住の住み替えを考える時

　「終の棲家 (ついのすみか)」のつもりで入居したものの、住み続けることが難しくなる場合があります。

・**事業者側の理由による住み替え**

① 　運営者の変更

　　事業計画や契約関係（サブリース契約*Q7など）の変更、廃業などで変更した結果、家賃やサービス内容が変わる時　**→Q7 (P39)**

② 　サービス委託先の変更

　　食事や介護サービスなどの委託事業者が撤退して、サービスが提供できない、あるいは変更後の委託事業者のサービス内容に満足できない時

③ 　運営方針の変更

　　相続などによって代表者が変更して、サ高住の運営方針が変わり、スタッフの減少やサービス内容が低下する時

・**入居者側の状況変化による住み替え**

① 　経済状態（年金、預貯金、介護保険負担金など）

　　入居時の試算より、日常生活支援サービスや介護サービス

の費用が上昇して、月々の支払いが難しくなった時

② 体調変化（要介護度の変更、死亡など）
要介護度の変更や認知症の進行、死亡により、サ高住の退去要件に該当した時

③ 日常生活（食事など）やその他サービスへの不満
予想していたレベルのサービスが受けられない時

④ 人間関係
集合住宅特有の騒音などによるトラブルが、隣人との軋轢を生み、我慢できない時

⑤ その他
狭い部屋であることは覚悟していたが、元の広い自宅に戻りたくなった時や長期入院、子どもと同居する時

2-2　サ高住を退去する時のポイント

・信頼できる人に立ち会ってもらう

「契約」は法的拘束力のある約束です。そのため、解約時には契約書の確認が必要ですが、住まい契約の書類は、質量ともに複雑でわかりにくいものです。家族や友人、専門家など、契約についてよくわかった人に立ち会ってもらうと安心です。

・退去する時に留意すること

① 利用したサービスや部屋の状況を確認
部屋の状況を確認する時は、必ず施設担当者に立ち会ってもらいます。

② 入居時の写真や書類を用意
入居前の状態を撮影した写真や見学時チェックリスト、契約時チェックリストなど、当時の状況がわかる書類を話し

合いの時に示せるように準備します。
③　費用の精算について事業所と確認
　部屋の傷や汚れの補修、設備の取り換えを、貸主と借主のどちらが負担するのか、契約書を元に話し合います。部屋を元の状態にすること（原状回復義務*Q6）について、貸主と借主の認識の違いからトラブルになるケースがあります。

→Q6
(P38)

┌─────────────────────────────────┐
★チェックリスト★
　チェックリストを収載したリーフレットを、さらに詳しく解説するブックレット（本書の姉妹本）を発行しています。

『サ高住の探し方』2015年
　見学時チェックリストを収載した「サ高住情報パンフレット」の内容を詳しく解説。サ高住の基本情報、探し方とチェックリストの解説、モデルケースの紹介、用語解説で構成しています。

『サ高住の決め方』2017年
　契約時チェックリストを収載した「サ高住契約のしおり」の内容を詳しく解説。サ高住の基本情報、契約とチェックリストの解説、モデルケースの紹介、用語解説で構成しています。
└─────────────────────────────────┘

2-2　解約時チェックリストの使い方

　解約を考えた時や申し出た時、施設担当者の立ち会いのもと部屋の状況を確認する際に、チェックリストを活用します。借主自身でリストの項目を確かめて、施設担当者と解約事項を明らかにしていきます。解約に関する重要な情報が得られるだけでなく、記録として残せます。

解約時チェックリスト

```
解約時チェックリスト        記入日　年　　月　　日

○施設名
○経営者名
○退去申し出日（　　月　　日）→※死亡退去の場合：死亡日（　　月　　日）
○契約終了日（　　月　　日）　　○退去予定日（　　月　　日）
○荷物の搬出　（　　月　　日）　　○搬出業者（　　　　　　　　）
○契約書面（住まい・サービス）の確認
　①ある　②なし→写し（コピー）の請求（　　月　　日）
○解約書面の提出先
　担当者氏名（　　　　　　　　　）　連絡先Tel（　　　　　　　　）
○退去時立ち合い
　①本人・親族・身元引受人等（　　　　　　）　②施設担当者（　　　　　　）
```

契約書などの内容を改めて確認しましょう

　契約時に交わす書類はサ高住により異なります。契約時にもらった書類を確認します。契約書類は分量も多く内容も専門用語が多用され複雑です。解約に関する条項がどこに記載されているのか事前に契約書で確認します。

※比較して確認するチェックリスト

・見学時チェックリストで確認するところ

　　生活：施設　　　介護：入居の条件・退去の要件

・契約時チェックリストで確認するところ

　　はじめに書類を確認しましょう　契約：住まいの情報・解約

　　医療・介護：体調変化　生活：今までと同じ生活・トラブル

・解約時チェックリスト

　・施設名、経営者名

　　サ高住の特徴として、所有者、運営事業者、サービス提供事業者が異なることがあります。どの項目について誰と契約したのか、経営者や運営事業者の変更も確認します。

　・日程の確認

　　契約書には、解約を申し出るべき日や家賃を支払うべき期間などが記載されています。精算額の月割あるいは日割り計算もサ高住により異なります。引っ越したい日程やサービスを受けたい日から逆算して、早めに解約を申し出ましょう。

　・契約書面

　　居住期間が長くなると、書類を紛失していることも考えられます。そのような場合は、事業者に契約書などの写しを事前にもらいましょう。また、解約書面の提出先担当者名と連絡先を確認します。後日、説明を求めたい時に役立ちます。

　・退去時の立会い

　　部屋を退去する時、鍵を返却する時には、必ず施設担当者の立ち会いを求めましょう。

解約時チェックリスト　生活

生活　＊利用したサービスや部屋の現状を確認します＊

○食事サービス（　　月　　日　）　朝　　昼　　夕食　まで利用

○家事支援サービス（　　月　　日　）まで利用

○介護サービス（　　月　　日　）まで利用

○持ち込んだ私物のリスト

　　①搬出するもの（　　　　　　　　　　）②処分するもの（　　　　　　　）

○預けていた貴重品の受領（　　月　　日　）

○鍵の返却（　　本）（　　月　　日　）

○部屋の現状を確認した日（　　月　　日　）、確認者（　　　　　　　）

　　部屋の中で気になる傷・汚れ　　①ある　　②なし

　　①天井・壁・床　　②水回り（洗面所・トイレ・キッチン・浴室）

　　③電気器具（エアコン・電灯等）　④その他（　　　　　　　）

　　入居時からの傷・汚れ　　証拠写真　①ある　　②なし

　　（場所　　　　　　　　　　　　　　　　　　　　　　　　　）

　　入居中の傷・汚れ

　　（場所　　　　　　　　　　　　　　　　　　　　　　　　　）

※比較して確認するチェックリスト

・見学時チェックリストで確認すること

　生活：食事・楽しみ　介護：今までの介護サービス

　お金：入居するときの費用・毎月の費用・入院しているとき
　　　　も支払う費用・保証人・身元引受人

・契約時チェックリストで確認するところ

　契約：保証人など・解約

　お金：入居する時や毎月の費用・特別に支払うお金（原状回
　　　　復費用）・支払い方法

　生活：今までと同じ生活・トラブル

12　サ高住を解約する時

生　活

・サービスの利用

解約を申し出た後、各種サービス（食事、家事支援、介護など）の利用実績を記録しておくと、精算時に役立ちます。

・私物と貴重品

部屋に持ち込んだ私物（家具、電化製品など）と備え付けの物を区別します。私物は、搬出するものと処分するものに仕分けして、引っ越し業者がわかるようにシールなどを貼付します。事業者に処分を依頼する時は、見積書をもらいましょう。また、貴重品や現金、通帳を預けていなかったか確認します。

・鍵の返却

鍵を紛失した場合は、鍵受け部分を含めての交換となりますので、鍵の種類によっては高額になる場合があります。

・部屋の現状確認

サ高住は賃貸住宅のため、退去の際に借主は原状回復を求められます。借主が退去時に負担する原状回復にかかる費用は、退去に際して返金される敷金の額にかかわります。借主が退去時に原状回復をめぐっての施設とのトラブルを防ぐためには、契約を締結する際に借主が負担することになる原状回復義務*Q6の内容を確認し、さらに入居前に施設担当者の立ち会いのもと、部屋の中にすでにある汚れや破損箇所を一つ一つ確認することが有用です。

→Q6
（P38）

※原状回復に関するトラブルとガイドライン（国土交通省）　→P45
http://www.mlit.go.jp/common/001016469.pdf

解約時チェックリスト　お金　メモ

お金 ＊返金額と支払額を確認します＊

○敷金の精算　　①全額返還（　　　　　　　　円）

　　　　　　　　②一部費用精算して返金（　　　　　　円）

　　②の場合の控除額

　　　原状回復費用　見積額（　　　　　　　　円）

　　　支払い決定額（　　　　　　　円）

　　見積の実施　　①入居者　　②事業者

　　見積書の確認　　①ある　　　②なし

　　敷金の返金を受けた日　（　　　月　　　日　）

○家賃の精算　　（　　　　　　　円　※　　　月　　　日分まで）

　共益費の精算　　（　　　　　　　円　※　　　月　　　日分まで）

○未払金の精算　　（　　　　　　円）

　　光熱費（　　　　　円）、食事サービス（　　　　　　円）、

　　その他サービス（　　　　円）

　　未払金の支払期限　　（　　　月　　　日　）

○その他の費用：不要家財の処分等　（　　　　　円）

○契約書に精算に関する記載　　①ある　　　②なし

メモ ＊必要な手続きを確認します＊

※住所変更：転居届、転入・転出届、年金、医療保険、介護保険、印鑑証明、
　　　　　マイナンバーカード、電気・ガス・水道・電話・インターネット、新聞、郵便
　　その他：死亡届、葬儀、生命保険

※見学時チェックリストで確認すること

　お金：入居費用・毎月の費用・入院しているときも支払う費用

※契約時チェックリストで確認するところ

　契約：解約　お金：入居・毎月の費用・特別に支払うお金

　生活：トラブル

14　サ高住を解約する時

お　　金

・敷金の精算

　敷金の精算は、賃貸住宅で最もトラブルが多いところです。差し引かれる時は、必ず明細書をもらいます。また、室内の工事が必要な場合は見積書を取り、納得して工事を依頼します。

・家賃、共益費の精算

　契約終了日と退去予定日を書面で確認して、家賃と共益費を何日まで支払う必要があるのか確認します。

・未払金の精算

　光熱費やサービス利用料などの未払金については、「生活」の欄で確認した日と内容を確認します。その他、荷物などの処分費用についても見積書をもらいます。精算に関して契約書に記載がないか、確認しましょう。

解約や精算についてわからない場合

　住まいの契約は専門用語が多いだけではなく、サ高住それぞれに独自の書式を採用しているので、立ち会ってもらう人でもすべてがわかるとはかぎりません。その場合は専門家や公的な相談機関を利用して、疑問を解決します。

　✧ お住まいの地域の消費生活センター

　✧ お住まいの地域の住まいに関する相談窓口

　✧ お住まいの地域の介護サービスの相談窓口

　巻末の「サ高住解約のてびき」のP51を参考に、お住まいの地域の相談窓口の情報を調べてみましょう。

●3　それぞれのモデルケース●

　サ高住を住み替える時や解約する時にどのようなポイントを注意すればよいのか4つのケースを通して考えてみましょう。それぞれの背景や希望をもとに、解約時チェックリストを活用してサ高住を解約します。

Aさん：70代女性
体調不良により自立型から医療型サ高住へ

　一人暮らしをエンジョイしていたが、転倒事故をきっかけに今後を考えて住み替え

Bさん夫婦：80代の夫婦
サ高住から特別養護老人ホーム（特養）へ

　サ高住に一人で暮らす夫の要介護度が上がったため、特養に住み替え

Cさん親子：60代夫婦と80代の母
サ高住に暮らす母の急死により解約

　近くのサ高住に呼び寄せた母が、認知症の進行による事故で急死のため退去

Dさん：70代男性
都会の自立型から地方都市の介護型サ高住へ

　働きながら都会のサ高住に暮らしていたが、退職を機に地方都市のサ高住に住み替え

3-1　Aさんのケース

体調不良により自立型から医療型サ高住へ

背　景

　Aさんは一人暮らしの不安から、68歳で自立型のサ高住に入居しました。終身建物賃貸借契約で10年分の家賃を前払い*Q15すると、月々の費用が安く済むのも決め手の一つでした。しばらくは駅に近い立地を生かして、気楽な外出や趣味の教室など生活を楽しんでいました。そんなある日、突然、自室内で胸に痛みがはしり動けなくなりました。食堂に来ないAさんを心配して部屋を訪ねた施設担当者が発見し、すぐに救急車で病院に搬送。骨粗しょう症での骨折と診断され、約1週間入院しました。

→Q15
(P42)

　入院中に、以前から気になっていた手のしびれを精密検査したところ、パーキンソン病の初期と診断されました。医師からパーキンソン病は進行性だが、指示を守り正しい治療を受ければ日常生活を快適に過ごすことができると説明を受け、一安心しました。退院後、自室で安静にしている時に「今回は大事に至らなかったが、パーキンソン病の進行や重度の介護が必要になった時、今の住まいで対応できるかしら」と考えました。

住み替え先

　今のサ高住は、同じ敷地内に介護事業所があり、介護が必要

それぞれのモデルケース　17

になった時に利用できます。しかし、今後のパーキンソン病の治療を考えると、医療機関と緊密な関係にあるところに住み替える方がよいのではないかと思いました。

早速、看護師をしている友人に相談したところ、サ高住などの施設を３か所紹介され、見学に出かけました。その結果、総合病院（内科・外科・整形外科など）を運営する医療法人が経営する、サ高住に住み替えることにしました。今のところ健康状態は良好で、介護保険は利用していません。今後、パーキンソン病や骨粗しょう症が進行した場合、医療機関との連携が強いサ高住であれば、すぐに入院や治療ができるので安心です。

解約のポイント

終身建物賃貸借契約で10年分の家賃を一括前払い*Q15（2000万円）しています。３年で退去するので、残り７年分の返金と、賃貸住宅特有の原状回復義務*の確認が重要です。

→Q15
(P42)

チェックリスト

退去の申し出：契約書で解約時の規定を確認して、規定どおり１か月前に解約・退去を申し出ました。

前払い金の返金：入居時に一括前払金として、月額賃料×想定居住月数（120ヶ月）＝2000万円を支払っています。

計算式＝（一括前払金2000万円）×（120ヶ月－契約開始から解約日までの経過月数36か月）÷120ヶ月＝1400万円

初期償却費用の名目で、経過年数分の家賃にプラスして差し引かれるサ高住もありますが、契約書通りに家賃分のみの精算になりましたので良かったと思いました。

原状回復費用：Ａさんはきれい好きで掃除も丁寧にしていた

18　それぞれのモデルケース

ので請求されませんでした。

　未払い費用：退院後は身の回りのことができづらくなったので、食堂の利用や家事支援サービスを受けました。受けたサービスをメモしたものと、施設側の請求を照合して精算しました。また、自立型は各部屋にメーターがあるので、光熱費の精算が必要でした。使用していた椅子や雑誌・本の処分も、一人ではできないので、事業所に依頼しました。その処分費用も未払金として精算しました。

　共益費：入院中の共益費はかかりませんので、口座引き落とし分を返金されました。

解約後の感想

　住まい契約の解約は、想像以上に確認事項が多い大変な作業でした。契約書面の再確認、前払い金や未払金の精算、室内の細部にわたる確認、引っ越し、役所関係の手続き等々です。

　しかし、医療機関と連携するサ高住に住み替えたことで、自分の体調が変化しても「終の棲家（ついのすみか）」として住み続けられる安心感が得られました。転居後のサ高住も駅まで徒歩10分ほどの都市部にあるので、体調をみながら、今まで通り買い物や趣味の旅行、友人との観劇を楽しんでいます。

　すぐに介護が必要な状況ではありませんが、一人暮らしのため、エンディング*Q2を真剣に考えています。以前から関心があった任意後見制度*Q10について、転居を機に準備をはじめます。まずは、成年後見*Q10に関する自治体などの相談窓口で情報収集したいと思います。

→Q2
(P37)

→Q10
(P40)

それぞれのモデルケース　19

解約時チェックリスト

記入日 X 年 3 月 5 日

○施設名　　　A 株式会社

○経営者名　　a ハイツ

○退去申し出日（ 2 月 20 日 ）→※死亡退去の場合：死亡日（　　月　　日 ）

○契約終了日（ 3 月 20 日 ）　　　○退去予定日 （ 3 月 5 日 ）

○荷物の搬出 （ 3 月 5 日 ）　　　○搬出業者 （ 0051 越しセンター ）

○契約書面（住まい・サービス）の確認

　　①ある　②なし→写し（コピー）の請求（　　月　　日 ）

○解約書面の提出先

　　担当者氏名（ a 施設長　　　　　 ）　連絡先TEL（ XX-XXX-XXXX ）

○退去時立ち合い

　　①本人・親族・身元引受人等（ 親友 Wさん ）②施設担当者（ a 施設長 ）

生活　*利用したサービスや部屋の現状を確認します*

○食事サービス（ 3 月 5 日 ）　朝　昼　夕食　まで利用

○家事支援サービス（ 3 月 5 日 ）まで利用

○介護サービス（　　月　　日 ）まで利用 ⇒ 利用につない

○持ち込んだ私物のリスト

　　①搬出するもの（ 家具・日用品等 ）②処分するもの（ 雑誌 本・椅子 ）

○預けていた貴重品の受領（　　月　　日 ）つなし

○鍵の返却（ 2 本）（ 3 月 5 日 ）

○部屋の現状を確認した日（ 3 月 5 日 ）、確認者（ a 施設長　　 ）

　　部屋の中で気になる傷・汚れ　　①ある　　②なし

　　①天井・壁・床　②水回り（洗面所・トイレ・キッチン・浴室）

　　③電気器具（エアコン・電灯等）　④その他（　　　　　　　　 ）

　　入居時からの傷・汚れ　証拠写真　①ある　　②なし

　　（場所　　　　　　　　　　　　　　　　　　　　　　　　　 ）

　　入居中の傷・汚れ

　　（場所　　　　　　　　　　　　　　　　　　　　　　　　　 ）

お金　*返金額と支払額を確認します*

○敷金の精算　①全額返還（　　　　　　円）
　　　　　　　②一部費用精算して返金（ 14,008 円）
　②の場合の控除額
　　原状回復費用　見積額（ 746 円）
　　支払い決定額（　　　　　　円）
　　見積の実施　①入居者　②事業者
　　見積書の確認　①ある　　②なし
　　敷金の返金を受けた日（ 4月30日 ）

○家賃の精算（　　　　円 ※　月　日分まで）⇒家賃→一時前払い金と化
　共益費の精算（ 56,340 円 ※ 3月30日分まで）⇒生活支援 支払っていね

○未払金の精算（ 21,000 円）　　　　　　　　サービス商とに月払い
　光熱費（ 5,900 円）、食事サービス（ 15,100 円）、⇒3月5日まで
　その他サービス（ 小遣い＋電気代 円）（ 3000+1900 ）
　　　　　　　　　　　　　　　　　　　　　　　　　⇒返金
　未払金の支払期限（ 4月30日 ）

○その他の費用：不要家財の処分等（ 10,800 円）
○契約書に精算に関する記載　①ある　②なし

メモ　*必要な手続きを確認します*

※住所変更：役所関係（転居届 or 転入・転出届、マイナンバーカード、印鑑証明…）
　　　　　　年金、ライフライン（水道・電気・ガス）、不動産・自動車…、
　　　　　　金融（保険・預貯金・株式…）、通信（郵便・インターネット・電話）、
　そ の 他：死亡届、葬儀

> チェックリストにない項目で確認したことがあれば書きとめましょう。
>
> 社協や行政書士、看護師さんに相談

＊＊＊わからないことは裏面の相談先に相談してみましょう＊＊＊

3-2　Bさんのケース

サ高住から特別養護老人ホーム（特養）＊Q13 へ　　→Q13（P41）

背　景

　Bさん夫婦は80代の2人暮らし。夫に脳梗塞の後遺症があるため、エレベーターなしのマンション5階での暮らしが困難になり、夫1人が自宅近くの小規模多機能型サ高住に入居しました。年金生活では、夫婦2人での入居は叶いませんでした。

　しばらくは自宅近くのサ高住で快適に過ごしていましたが、転倒や排泄のしくじり、そして脳梗塞の2度目の発作が起きました。異変に気付いた妻が、スタッフを呼び病院搬送したので大事には至りませんでしたが、退院後の移動は車椅子になりました。その結果、入浴や身辺介助の追加サービス費用や通院、治療費など、毎月の費用が当初より3万円以上嵩みます。

　要介護3になったことで、特養に申込みすることができるとケアマネージャーに聞きました。以前から夫婦で話しあっていた特養への転居を、実行に移すことにしました。

住み替え先

　特養は入居待機者が多く、先着順ではなく心身の状況による優先度の高い人から入居できます。ケアマネージャーから「待機者数に地域差があるので、広く候補に入れてみては」との助言を受けて、地域を広げて申し込んだので1年以内に入居可能

22　それぞれのモデルケース

になりました。

　特養は、駅から20分位バスに乗った所にあり、交通の便は良くないのですが、自然豊かな場所にあります。夫（85歳）は静かなこの特養が気に入りました。敷地内に新しく建設されるサ高住に、腰痛の悪化に悩む妻（81歳）の入居も考えられます。

解約のポイント

　部屋の状況を施設担当者、妻と息子の立ち会いのもと、入居時に撮影した写真と見学時チェックリストを比較しながら確認しました。

チェックリスト

　解約の申し出：契約書に「少なくとも30日前に解約の申し入れを行う」とあったので、30日前に告知。契約終了の前日に引っ越しして部屋を明け渡す、と通知しました。

　原状回復*Q6費用：排泄時に汚したトイレの壁紙の全面張り替えと、車いす使用時の擦り傷の補修の請求を受けました。交渉の結果、車いすによる傷は介護職員によるものと確認できましたので、トイレの壁紙の一部張替えのみ支払いました。　**→Q6 (P38)**

　敷金・未払金の精算：敷金として払った家賃の３か月分から、トイレの壁紙張替費用を控除した金額が返還されました。夫は、唯一の趣味である音楽鑑賞に興味を失っていたので、持ち込んだCDや、オーディオ機器の処分を引っ越し業者に頼みました。

退去後の感想

　サ高住では、入居時に比べて毎月の費用が増加して負担になっていましたが、特養に住み替えたことで、貯金を切り崩し

てきた追加費用が不要になり、毎月黒字になりました。夫の特養はユニット型個室で、毎月の費用は約12万円。妻の生活費9万円を合わせても、2人の年金収入（22万円）の範囲内です。一方で、自宅から遠い特養に転居するため、主治医が変わることが心配でしたが、紹介状を書いてもらったので安心しました。転居に伴う役所への手続きなどは、委任状があれば代理人でも可能なので、知り合いの行政書士さんに頼みました。

　夫は、腰痛が悪化する妻の介護施設入居費用に、自宅マンションの売却金を充てようと考えました。判断能力が十分ある内に不動産の売却や預貯金の管理・運用を息子に託したいと、特養に転居した直後に家族で話し合いました。介護の長期化を考えると、介護費用を工面しなければなりません。

　息子は「子どもの教育費や住宅ローンがあるので、費用を立て替えることは難しいが、財産管理なら妻と相談してやってみる」と提案。「家族信託*Q9」を利用すれば、親の財産の範囲内で介護費用をねん出できるらしいので、その制度を利用してサポートしてもらうことに決めました。

→Q9
(P39)

　介護を含めた相続全般について、今回のタイミングでじっくり家族で話し合えたのは、良かったと思います。妻はおひとり様になる場合や自分がサ高住に入居することを、具体的に考えるようになりました。思い切った家財整理*Q3をしながら、人生の四季を自分なりに楽しもうと決めました。

→Q3
(P37)

解約時チェックリスト

記入日 ✕年 4月 29日

○施設名　b社会福祉法人

○経営者名　bホーム

○退去申し出日（ 3 月 20 日 ）→※死亡退去の場合：死亡日（　　月　　日 ）

○契約終了日（ 4 月 30 日 ）　　○退去予定日　（ 4 月 29 日 ）

○荷物の搬出　（ 4 月 29 日 ）　○搬出業者（ ○○引越しセンター ）
　　　　　　　　　　　　　　　　　　　　　単身パック

○契約書面（住まい・サービス）の確認

　①ある　②なし→写し（コピー）の請求（　　月　　日 ）

○解約書面の提出先

　担当者氏名（ 事務局 ○○氏 ）　連絡先Tel（ ○○○－△△△△ ）

○退去時立ち合い

　①本人・親族・身元引受人等（ 妻・息子 ）　②施設担当者（ ○○4-7 ）

生活　＊利用したサービスや部屋の現状を確認します＊

○食事サービス（ 4 月 29 日 ）　朝　昼　夕食　まで利用

○家事支援サービス（ 4 月 28 日 ）まで利用

○介護サービス（ 4 月 29 日 ）まで利用

○持ち込んだ私物のリスト

　　①搬出するもの（ TV. 洋服.日用品 ）②処分するもの（ 木デ材.CD 30枚 ）
　　　　　　　　　　　　　　　　　　　　　　　　　　　　雑誌

○預けていた貴重品の受領（ 4 月 29 日 ）

○鍵の返却（ 2 本 ）（ 4 月 29 日 ）

○部屋の現状を確認した日（ 4 月 8 日 ）、確認者（ ○○グループ長 ）

　　部屋の中で気になる傷・汚れ　①ある　②なし

　　①天井・壁・床　②水回り（洗面所・トイレ・キッチン・浴室）

　　③電気器具（エアコン・電灯等）　④その他（ 壁に1ヶ所小さい車いすでの ）

　　入居時からの傷・汚れ　証拠写真　①ある　②なし　　擦り傷

　　（場所　　　　　　　　　　　　　　　　　　　　　　　　　　　）

　　入居中の傷・汚れ

　　（場所　トイレの壁紙.壁に1ヶ所小さい擦り傷　　　　　　　　　）

それぞれのモデルケース　25

お金　＊返金額と支払額を確認します＊

○敷金の精算　　①全額返還（ 165,000 円）

　　　　　　　②一部費用精算して返金（ 155,000 円）

　②の場合の控除額

　　原状回復費用　見積額（ 　　20,000　　 円）

　　支払い決定額（ 　10,000　　 円）

　　見積の実施　　①入居者　　②事業者

　　見積書の確認　①ある　　②なし

　　敷金の返金を受けた日　（ 4 月 30 日 ）

○家賃の精算　　（ 退去日 　　 円 ※ 　 月 　 日分まで）

　共益費の精算　（ 退去日 　　 円 ※ 　 月 　 日分まで）

○未払金の精算　（ 　　　　　 円）

　　光熱費（ ○○ 円）、食事サービス（ 　　　　 円）、

　　その他サービス（ 　　　 円）

　　未払金の支払期限　（ 5 月 15 日 ）

○その他の費用：不要家財の処分等　（ 　　　　 円）

○契約書に精算に関する記載　①ある　　②なし

メモ　＊必要な手続きを確認します＊

※住所変更：役所関係（転居届 or 転入・転出届、マイナンバーカード、印鑑証明…）

　　　　　　年金、ライフライン（水道・電気・ガス）、不動産・自動車…、

　　　　　　金融（保険・預貯金・株式…）、通信（郵便・インターネット・電話）、

　　その他：死亡届、葬儀

> チェックリストにない項目で確認したことがあれば書きとめましょう。
>
> ライフラインは家賃に含まれる

3-3　Cさんのケース

サ高住に暮らす母の急死により解約

背　景

　Cさんは63歳のパートタイマーで、64歳の夫と2人暮らし。夫婦ともに、会社からはまだまだ働いてほしいと言われています。一人暮らしが困難になった86歳の母を、田舎の実家からCさんの自宅近くのサ高住に呼び寄せました。母の足腰は丈夫ですが、環境が変わったためか認知症が少し進み、サ高住に入居してから要介護1になりました。

　母は、Cさんが食事時に訪問すると喜びますが、同じテーブルの人たちとほとんど話をしません。スタッフはよく声かけしてくれますが、入居者同士の会話はあまりないようです。母は時々「家に帰ろうかなあ」とつぶやきますので、昔の写真を見せたり、実家の様子を話したりしています。

住み替え先

　母はサ高住の食事が気に入って入居を決めましたが、自分の部屋が時々分からなくなったり、田舎の自宅へ帰ろうと玄関を出ようとしてスタッフに止められます。1人でサ高住の自室にいると、テレビと昼寝だけで過ごしています。「終の棲家（ついのすみか）」にしたいと住所をサ高住へ移していたので、認知症の方への対応が十分な、地域密着型*Q12のグループホー　→Q12 (P41)

それぞれのモデルケース　27

ム*Q5へ転居した方がいいのかもしれません。グループホーム　→Q5
では、スタッフと一緒に野菜の皮むきや、母の好きな草花に水　(P38)
やりもさせてもらえると聞いたので、Ｃさんは近くのグループ
ホームの見学を始めました。同時に仕事が休みの日は、母をＣ
さんの自宅に連れて来ることも増えました。

　サ高住からグループホームへの転居について、住所地特例制
度*Q8の適用など、地域包括支援センターに相談しようと思い　→Q8
ます。　(P39)

解約のポイント

　年末のある日、母がＣさん宅でお昼寝をしている間に、Ｃさ
んは買い物に出かけました。自宅に帰ったら母がいません。驚
いたＣさんはあちこち探しましたが、見つかりません。夫が帰
宅すると警察に相談しました。

　この日、列車事故が隣の町であり、はねられたのは高齢女性。
警察の調べでその女性がＣさんの母だとわかりました。母は自
宅へ帰ろうとしたのかもしれません。あまりの急な展開にＣさ
んはショックを受けました。悲しみに浸る
間もなく母の葬儀、そしてあわただしくサ
高住を退去しました。Ｃさんはあっけない
母の人生の結末を思うと言葉がありません。

チェックリスト

　契約の終了：契約書には「契約の終了は入居者が死亡したと
き」との条項がありました。

　持ち込んだ私物：母の荷物は、必要最小限だけ持ってきてい
たので、自家用車に乗せて持ち帰りました。

28　それぞれのモデルケース

原状回復*Q6：退去時の部屋は、国土交通省の原状回復ガイ　→Q6
ドラインを参考にして施設担当者立ち会いのもと確認しまし　(P38)
た。入居期間が短かったためか特に問題はなく、原状回復費用
を請求されることはありませんでした。

未払金：光熱費は、共益費に含まれていましたので精算不要
でしたが、請求の締日（毎月20日）を超えた、食事・介護サー
ビス３日分（12/21〜12/23）を未払金として支払いました。

解約後の感想

葬儀後のひと段落着いた時に、認知症高齢者の列車事故に関
する損害賠償請求の記事を見て、不安になりました。「2007年
認知症の男性が列車にはねられて死亡。JRが家族に約720万円
の損害賠償訴訟を提訴。2016年最高裁は、同居の妻と別居の長
男は監督義務者にあたらず賠償責任はないと判断。ただし、事
情によっては介護家族が責任を問われる余地を残す。」

認知症発症のリスクが認識され商品化されています。「認知　
症保険*Q4に損害保険が加わった」ことをニュースで知りまし　→Q14
た。民間企業だけではなく、Ｃさんの住んでいる市では「認知　(P42)
症にやさしいまちづくり条例*」が制定され、「認知症事故救　→P44
済制度」により、住民全体でリスクを分け合う制度が始まります。

まだまだ家財整理*Q3が続きます。空き家になった田舎の実　→Q3
家には兄もＣさんも住む気はないため、遺品整理とともに空き　(P37)
家整理*Q1と田舎の墓じまいも考えています。実家は市街化調　→Q1
整区域内で畑もあるので、役所や農業委員会に相談が必要です。(P37)
母の遺骨は兄の住む町のお寺に永代供養します。立派なお寺で
お参りの人が絶えないので、母も寂しくないと考えました。

それぞれのモデルケース　29

解約時チェックリスト

記入日 ✕年 1月10日

○施設名　ケアふーむし

○経営者名　○有限会社

○退去申し出日（　　月　　日）→※死亡退去の場合：死亡日（ 12月28日 ）

○契約終了日（ 12月28日 ）　　○退去予定日 （ 1月27日 ）

○荷物の搬出 （ 1 月 10 日 ）　　○搬出業者 （ 家族で ）

○契約書面（住まい・サービス）の確認

　①ある　②なし→写し（コピー）の請求 （　　月　　日）

○解約書面の提出先

　担当者氏名 （ ○管理者 ）　連絡先Tel （ ✕✕✕ - ✕✕✕✕ - ✕✕✕✕ ）

○退去時立ち合い

　①本人・親族・身元引受人等 （ 家族 ）　②施設担当者 （ ○管理者 ）

生活　＊利用したサービスや部屋の現状を確認します＊

○食事サービス （ 12月23日 ）　　朝　　昼　　夕食 まで利用

○家事支援サービス （ 12月23日 ）まで利用

○介護サービス （ 12月23日 ）まで利用

○持ち込んだ私物のリスト

　①搬出するもの （ カーテン・衣類 ）②処分するもの （ 下着・日用品 ）

○預けていた貴重品の受領 （ 1 月 10 日 ）

○鍵の返却 （ 3 本 ）（ 1 月 10 日 ）

○部屋の現状を確認した日（ 1 月 10 日 ）、確認者 （ ○管理者 ）

　部屋の中で気になる傷・汚れ　　①ある　②なし

　①天井・壁・床　②水回り（洗面所・トイレ・キッチン・浴室）

　③電気器具（エアコン・電灯等）　④その他 （　　　　　　　　　　　）

　入居時からの傷・汚れ　　証拠写真　①ある　②なし

　（場所　　　　　　　　　　　　　　　　　　　　　　　　　　　　）

　入居中の傷・汚れ

　（場所　　　　　　　　　　　　　　　　　　　　　　　　　　　　）

お金　＊返金額と支払額を確認します＊

○敷金の精算　①全額返還（　１４１０　円）

②一部費用精算して返金（　　　　　円）

②の場合の控除額

原状回復費用　見積額（　　　　　　円）

支払い決定額（　　　　　円）

見積の実施　　①入居者　　②事業者

見積書の確認　①ある　　　②なし

敷金の返金を受けた日（　　月　　日　）

○家賃の精算　　（　５４０００　円　※　１月２７日分まで）

共益費の精算　（　２９，７００　円　※　１月２７日分まで）

○未払金の精算　（　５，８５８　円）

光熱費（　－　円）、食事サービス（　４，２００ 円）、

その他サービス（　１，６５８ 円）

未払金の支払期限　（　１月２７日　）

○その他の費用：不要家財の処分等　（　　　０　円）

○契約書に精算に関する記載　①ある　　②なし

20日締めの物
3日分
光熱費は
家賃に含む

メモ　＊必要な手続きを確認します＊

※住所変更：役所関係（転居届 or 転入・転出届、マイナンバーカード、印鑑証明…）
年金、ライフライン（水道・電気・ガス）、不動産・自動車…、
金融（保険・預貯金・株式…）、通信（郵便・インターネット・電話）、
その他：死亡届、郵便

チェックリストにない項目で確認したことがあれば書きとめましょう。

＊＊＊わからないことは裏面の相談先に相談してみましょう＊＊＊

3-4　Dさんのケース

都会の自立型から地方都市の介護型サ高住へ

背　景

　Dさんは一人っ子で独身。同居の母を介護するため長年勤めた会社を辞め、介護の仕事に転職しました。母を見送った後、一人暮らしに不安を感じてサ高住に住み始めました。

　駅近くのサ高住は家賃は少し高めでしたが、自立の男性も多く自由度も高いので、仕事を続けるにはとても便利な所でした。しかし、オーナー経営者の死亡後に相続した息子は、すぐにサービス事業者を変更しました。前オーナーは社会貢献を重視しましたが、現オーナーは利益優先。食事代や生活支援サービスなどが値上げされたにもかかわらず、食事内容やサービスの質が低下しました。他の入居者との些細なトラブルもあり、不満を感じるようになってきました。

　70歳で退職した頃に、古い友人から「故郷の地方都市で総合事業*Q11の生活支援コーディネーターとして働かないか」と声がかかりました。介護離職して勤務年数が短いため、予想よりも年金額が少ないことに不安を感じて、年金で賄える費用の安いサ高住への転居を考えていました。その地方都市に新しくできたサ高住に見学に行きました。

→Q11
(P41)

32　それぞれのモデルケース

住み替え先

　電車で1時間ほどの新しいサ高住は、駅から少し遠いですが、ゆったりした敷地に特養*Q13やデイサービスの施設があります。元気なうちは、有償ボランティアの生活支援コーディネーターとして働くと、収入を得ながら介護福祉士のスキルや経験を活かせるので一石二鳥です。介護型のサ高住は、病院と提携して介護が必要になっても住み続けられますし、介護度が重くなると敷地内の特養に移ることもできるので安心です。地元野菜中心の健康的な食事もおいしく、費用は今までよりも3割ぐらい安くなるので年金で賄えます。未婚で子どももいないため、親戚（母方の従妹とその息子）が近くに住んでいることも決め手になりました。

→Q13 (P41)

解約のポイント

　新しいサ高住に申し込んで入居日を決め、引っ越し業者をあたってみると、月末までには手配できず、10日ほど月をまたいでしまいました。都会のサ高住の家賃精算は月単位のため、20日分ほど家賃を2重払いすることになり、がっかりしました。

チェックリスト

　持ち込んだ私物：家財は全部そのまま使えるので、引っ越し業者に頼んで新しいサ高住に移送しました。

　原状回復*Q6：きれいに住んでいるつもりでしたが、家具を移動した時にできた床の傷を、全面補修するよう請求されました。見積額が高額だったため、知り合いの業者や地域の情報を収集して、一部の張替で済むように交渉しました。

→Q6 (P38)

　未払金：水道光熱費は自室のメーターを元に精算しました。

それぞれのモデルケース　33

メモ：市外への転居のため、転入・転出手続きが複雑でした。また、母と暮らした古い自宅は、時々手入れしていましたが、遠方に転居する機会に売却することにしました。家財整理*Q3 →Q3 (P37) は古家にあふれる荷物の整理から始めます。母の遺品と自分の物は、新しいサ高住にすべてを持ち込めませんので、市の居住支援サービス*Q4を活用してすべて処分しました。自宅は便利 →Q4 (P38) の良い所だったので、不動産業者に頼んで売却できました。

解約後の感想

地方都市のサ高住は都会と比べると費用が安いので、年金だけで賄え、働いたお金は小遣いにできます。自宅の売却金は老後資金として残せそうですが、売却益にかかる税金が心配です。

都会に比べると不便なところもありますが、その分自然に恵まれ敷地内で散策などを楽しめ、施設の買い物ツアーやネット通販も利用するので不自由はありません。

総合事業の活動では、地域の特産品を利用した居場所カフェや園芸教室などを計画しています。また、介護福祉士としての経験を生かせるケアマネージャー資格の勉強を始めました。

故郷に近いことから、入居者の中に幼馴染の女性がいました。彼女は夫と死別後、1人住まいに不安を感じて入居したようです。思い出話もできるので、仲良くしていきたいと思います。

自宅の家財整理の時に、大変な労力が必要でした。万一の時に世話になる親戚に面倒をかけないように、生前整理だけではなく遺言*Q16やエンディングノート*Q2で、自分の意思を明示しておけるように勉強していきます。

→Q1 (P43)
→Q2 (P37)

解約時チェックリスト

記入日 ✕ 年 4 月 / 日

○施設名　d ハイム

○経営者名　d 株式会社

○退去申し出日（ 2 月 28 日 ）→※死亡退去の場合：死亡日（　　月　　日 ）

○契約終了日（ 4 月 30 日 ）　　○退去予定日　（ 4 月 10 日 ）

○荷物の搬出　（ 4 月 10 日 ）　　○搬出業者（ □□ 引越センター ）

○契約書面（住まい・サービス）の確認

　①ある　②なし→写し（コピー）の請求（　　月　　日 ）

○解約書面の提出先

　担当者氏名（ 事務長○○氏 ）　　連絡先TEL（ ✕✕✕-✕✕✕-✕✕✕✕ ）

○退去時立ち合い

　①本人・親族・身元引受人等（　　　　　　 ）　②施設担当者（ ○○リーダー ）

生活　＊利用したサービスや部屋の現状を確認します＊

○食事サービス（ 4 月 10 日 ）　朝　昼　夕食　まで利用

○家事支援サービス（ ─月─日 ）まで利用

○介護サービス（ ─月─日 ）まで利用

○持ち込んだ私物のリスト

　　①搬出するもの（　 全部　 ）②処分するもの（　 なし　 ）

○預けていた貴重品の受領（ ─月─日 ）

○鍵の返却（ 2 本）（ 4 月 10 日 ）

○部屋の現状を確認した日（ 4 月 10 日 ）、確認者（ ○○リーダー ）

　　部屋の中で気になる傷・汚れ　①ある　②なし

　　①天井・壁・床　②水回り（洗面所・トイレ・キッチン・浴室）

　　③電気器具（エアコン・電灯等）　④その他（　　　　　 ）

　　入居時からの傷・汚れ　　証拠写真　①ある　　②なし

　　（場所　　　　　　　　　　　　　　　　　　　　　　 ）

　　入居中の傷・汚れ

　　（場所　 家具移動時の床の傷　　　　　　　　　　 ）

それぞれのモデルケース　35

お金　＊返金額と支払額を確認します＊

○敷金の精算　①全額返還（　　　　　　　円）

　　　　　　②一部費用精算して返金（　　13万　　円）

　②の場合の控除額

　　原状回復費用　見積額（　　10万　　　円）

　　支払い決定額（　　1万　　　円）

　　見積の実施　①入居者　②事業者

　　見積書の確認　①ある　　②なし

　　敷金の返金を受けた日　（　5月10日　）

○家賃の精算　　（　7万　円　※4月30日分まで）

　共益費の精算　（　1万　円　※4月30日分まで）

○未払金の精算　（　1万2千　円）

　光熱費（退却後精算円）、食事サービス（1万2千円）、

　その他サービス（　　0　円）

　未払金の支払期限　（　5月10日　）

○その他の費用：不要家財の処分等　（　　0　円）

○契約書に精算に関する記載　①ある　　②なし

メモ　＊必要な手続きを確認します＊

※住所変更：役所関係（転居届 or 転入・転出届、マイナンバーカード、印鑑証明…）
　年金、ライフライン（水道・電気・ガス）、不動産・自動車…、
　金融（保険・預貯金・株式…）、通信（郵便・インターネット・電話）、
　その他：死亡届、葬儀

> チェックリストにない項目で確認したことがあれば書きとめましょう。

＊＊＊わからないことは裏面の相談先に相談してみましょう＊＊＊

● 4　用語解説 ●

本書中で解説が必要な語句を50音順に並べています。

Q1　空き家整理

　身体能力の低下や死亡などにより、住んでいた住宅が不要になり処分すること。空き家の増加は、火災や災害時の危険、治安悪化などの社会問題化し、2015年「空き家対策特別措置法」が施行。空き家の状態により「売却」「活用」「処分」が実施されます。不動産市場に流通しない田舎の家は、空き家バンクの登録や行政の空き家相談窓口に問い合わせます。

Q2　エンディングノート

　万一の事態に備えて、介護や治療、葬儀などの希望や家族への伝言、連絡すべき知人などを記すノート。本人が意思を伝えられなくても、家族や友人が本人の希望を知ることができます。本人はノートに書くことで、考えを整理するだけでなく、人生を振り返り、今後を自分らしく暮らすヒントを得ます。なお、遺言書とは違い、ノートの内容に法的拘束力はありません。

Q3　家財整理

　終末期に向けて自分や親族の財産を片付ける事。
①生前整理：生きているうちに家具や資産など身の回りのものを片付けること。入院や施設入所を機に家族が担うことも。
②遺品整理：故人が残した品を片付け、処分すること。高齢世帯や独居老人が急増するなかで、相続人も高齢で遺品処分で

きない、引き取り手がないため、自治体や民間事業者に委託するケースもみられます。

Q4　居住支援サービス

高齢者などが安心できる住まいを確保するための、入居後の見守りや残存家具の整理などの生活支援サービス。2017年「住宅セーフティネット法改正」により、都道府県などに設置された居住支援協議会が、入居支援（家賃の債務保証や保証人の確保）とともに実施。事業者や業界団体との連携、新たな組織で支援を開始するなど、さまざまな手法が生まれています。

Q5　グループホーム

認知症高齢者のための共同生活住居。要支援2以上の認知症高齢者が、小規模な生活の場（5人～9人）に住み、食事の支度、掃除、洗濯などを専門スタッフの援助を受けながら行い、家庭的な雰囲気の中で暮らします。地域密着型サービスなので、入居できるのは、施設のある市町村の住民に限られます。

Q6　原状回復義務

サ高住は賃貸住宅のため、借主は、退去の際、通常の賃貸借契約における借主と同様に、居室の引渡後に損傷が生じたのであれば原状回復義務を負います。借主が故意・過失で居室を損傷した場合などです。原状回復義務の内容は借主が借りた時の状態に戻すことではなく、通常損耗や経年変化による汚れはその対象外であると考えられています。ただし、特約で通常損耗や経年変化による汚れについて借主が修繕費用を負担すると定

めることもでき、この場合には借主が原状回復義務を負います。

　退去時にどちらの負担で原状回復（元に戻す）を行うことが妥当なのかについて、トラブルが発生することがあります。国は、トラブルの未然防止のため、費用負担の妥当と考えられる一般的な基準を「原状回復をめぐるトラブルとガイドライン」として示しています。

→P45

Q7　サブリース契約

　アパートなどを所有者から不動産業者などが、丸ごとあるいは一部フロアを借り上げ、入居者を見つけてまた貸しする契約（転貸契約）。オーナーとサブリース会社の契約（マスターリース契約）が終了すると、入居者は退去しなければならない場合があります。しかし、マスターリース契約に「サブリース会社の地位をオーナーが引き継ぐ」旨の規定があれば、入居者は退去する必要はありません。

Q8　住所地特例

　介護保険の被保険者が、施設に入所して住所が変わった後も、引き続き住所を移す前の市町村の被保険者であり続ける特例措置。住所地特例の対象施設は、介護保険3施設（特養、老健、介護医療院）、地域密着型を除いた特定施設（有料老人ホーム（介護型・住宅型）、養護老人ホーム、ケアハウス、一部のサ高住）。2018年より障がい者支援施設が対象施設に加わりました。

Q9　信託

　財産を所有する人（委託者）が、その管理や処分の権限を信

用語解説　39

頼できる人や法人（受託者）と契約を結び、一定の人物（受益者）に財産給付や分配を行う財産管理の手法。受託者が信託報酬を得る商事信託（信託銀行など）と、報酬を得ない民事信託（家族など）に分かれます。

①家族信託：財産を所有する親（委託者）が、家族（受託者）と契約を結び、親の老後に必要な財産管理・運用を家族に任せる信託契約。親の判断能力があるときから利用可能で、財産を長期間、管理継承できます。信頼できる家族の存在と家族間の話し合いが重要です。

②遺言信託：遺言者（委託者）が、遺言書に書かれた方法に従って受託者に財産の管理や処分を託す旨の遺言書を作成し、遺言者の死亡により発動する信託契約。信託銀行などが行う遺言書の作成相談、保管、遺言の執行などに関する有料サービスとは区別されます。

Q10　成年後見制度

認知症などの理由で判断能力の不十分な方々を保護し、支援する制度。法定後見制度と任意後見制度があり、弁護士会、司法書士会の相談窓口、社会福祉協議会などに問い合わせます。

①法定後見制度：本人の判断能力に問題が生じた時に、成年後見人が本人に代わって契約を結んだり、不利益な契約を取り消したりできる制度。本人や親族の申し立てにより、裁判所が後見人を選任します。判断能力の程度により後見、保佐、補助の３つに分かれます。

②任意後見制度：判断能力に問題が生じた場合に備えて、判断能力が十分あるうちに、信頼できる人と公正証書による委任

契約を締結する制度。本人の判断能力が不十分になると、裁判所の手続きを経て任意後見が開始されます。

Q11 総合事業（介護予防・日常生活支援総合事業）

市町村が中心となって地域の実情に応じて、住民やNPOなどの多様な主体が、多様なサービスを提供する事業。要支援者に対する介護予防給付の一部と自立者への介護予防事業が合体し、訪問型・通所型・生活支援サービスなどが実施されます。事業のネットワーク構築などをコーディネートする「生活支援コーディネーター（地域支え合い推進員）」を配置。地域の支えあい体制づくり推進と、効率的な支援を目的としていますが、サービスや介護スキルの地域間格差が懸念されています。

Q12 地域密着型サービス

高齢者が中重度の要介護状態になっても、できる限り住み慣れた自宅又は地域で暮らし続けるため、市町村で提供される介護サービスの類型。市町村指定の事業者がサービスを行い、その地域の住民が対象となります。通所、訪問、泊まり、看護などのサービスを同じ事業所職員が提供、小規模施設が多種多様なニーズに対応など、きめ細やかなサービスが期待できます。

Q13 特別養護老人ホーム（特養）

常時介護が必要で、在宅での生活が困難になった、65歳以上の高齢者が入居できる介護保険3施設の1つ（介護老人福祉施設）。4人部屋などの「従来型」と個室の「ユニット型」があります。要介護3以上で申し込みでき、原則、終身に渡って介

用語解説 41

護や日常生活の世話、機能訓練、健康管理などの世話が受けられます。入居は先着順ではなく、介護の必要性や困難度、環境などで判断。利用料金は部屋のタイプ・地域・人員配置によって異なり、所得に応じた負担限度額や、居住費や食費の軽減措置があります。

Q14　認知症保険

介護が必要になった時に保障される「治療型」と、第三者に損害を与えた時の「損害補償型」に大別されます。

①治療型（生命保険）：認知症予防保障、予防や治療、要介護３以上で介護保険が終身支払われるものなどさまざまです。生命保険や医療保険と組み合わせた商品もあるので、どんなケースで保険金が支払われるのか確認が必要です。

②損害補償型（損害保険）：認知症の人が、火事や事故などで他人に損害を与えた際に、損害保険金が支払われます。自動車保険、火災保険、クレジットカードの特約として付帯されていることが多く、掛け金のわりに補償額の上限が高いことから介護する家族は考えたい保険です。

Q15　前払い方式

居住費用の支払いを、入居時に一括して費用の全部または一部を支払う方式。家賃分を先払いするので、毎月の費用は月払い方式と比べると安くなりますが、入居期間によって支払総額や退去時の返金額に差がでますので、契約内容をよく理解して選択することが大切です。前払い金は、終身居住することを前提に支払う家賃で、①想定居住期間における家賃、②想定居住

期間を超えた期間に備えた家賃から構成。想定居住期間は各施設の入居者の概ね50％が入居し続けると想定される期間で、想定居住期間を超えた場合も追加費用は発生しません。

Q16　遺言（ゆいごん）

　自分の死後のために、財産の処置などを言い残すこと。法律的に有効な遺言であれば、法定相続に優先して遺産分割が行われます。主なものに自筆証書遺言と公正証書遺言があります。

①自筆証書遺言：いつでも自分だけで作成できますが、内容の不備による無効や紛失の恐れもあります。全文自筆、作成日付、署名押印、開封前の家庭裁判所での検認手続きが必要。なお、2019年1月より、パソコンでの財産目録の作成や不動産登記事項証明書等の添付可能。2020年7月より法務局の保管制度が始まり、この制度を利用すると家庭裁判所の検認が不要。

②公正証書遺言：遺言人が口授した遺言内容を公証人が文章にまとめ、公正証書遺言として作成するもの。証人2人立会いのうえ、証書を公証役場で保管するため、内容が明確かつ紛失の心配がありません。公証人手数料などの費用については、遺言の目的たる財産の価額に対応して、手数料令で法定されています。

用　語　解　説　43

用語解説付録　神戸市の取り組み

※認知症の人にやさしいまちづくり条例（2018年4月1日施行）

　社会全体で認知症の人を支える取り組みを推進していくため全国初の「神戸モデル」を策定。（2018年12月5日一部改正）
①65歳以上は自己負担ゼロで認知症診断が受診可能
　地域の医療機関での認知機能診断＋専門医療機関での認知機能精密検査の２段階。2019年１月開始
②認知症と診断・登録された方に、市が手厚い支援
　認知症と診断後、賠償責任保険（最高２億円）に市が加入。コールセンターが24時間365日相談に応じ、見守り、駆けつけ（捜索サービス）を含むGPS導入費用を負担。2019年４月開始
③認知症の方が起こした事故に遭われた市民に見舞金支給
　認知症の人が起こした火災や傷害事故の被害市民（全神戸市民）に見舞金（最高3000万円）を支給。2019年４月開始
④費用負担を市民が広く薄く負担
　運用費（年間３億円）は、１人当たり400円の市民税上乗せ。2019年度分から適用

※神戸市すまいのあんしん入居制度

　利用者が民間事業者と直接契約（有料）して依頼します。
　①安否確認：自動通報センサーの設置等、②家財の片付け（いますぐプラン）：生前整理、③家財の片付け（あとからプラン）：遺品整理の生前契約、④葬儀の実施：葬儀等の生前契約、⑤連帯保証：民間賃貸住宅に入居する連帯保証人。

● 5　参考文献 ●

1. サービス付き高齢者向け住宅の法律Q&A　銀座第一法律事務所編　中央経済社　2014年
2. 債権各論Ⅰ第３版　潮見佳男著　新世社　2017年
3. サ高住の探し方　消費生活マスター介護問題研究会著　本澤巳代子監修　信山社　2015年
4. サ高住の決め方　消費生活マスター介護問題研究会著　本澤巳代子監修　信山社　2017年
5. 2019年版くらしの豆知識　（独法）国民生活センター編・発行　2019年
6. 「より良い住まいを選ぶための契約のポイント」月間ケアマネジメント８月号　本澤巳代子　冨岡朝子　第28巻第８号　環境新聞社　2017年
7. サービス付き高齢者向け住宅情報提供システム　すまいづくりまちづくりセンター連合会
   http://www.satsuki-jutaku.jp/index.php　2018年12月23日確認
8. ──高齢者向け住まいを選ぶ前に──消費者向けガイドブック　（社）全国有料老人ホーム協会ほか　厚生労働省協力
   https://www.mhlw.go.jp/stf/seisakunitsuite/bunya/hukushi_kaigo/kaigo_koureisha/other/index.html　2018年12月23日確認
9. 原状回復に関するトラブルとガイドライン（再改訂版）　国土交通省
   http://www.mlit.go.jp/common/001016469.pdf　2018年12月23日確認

参考資料

1) 高齢期の住まい　比較表

	一般賃貸住宅	サービス付き高齢者向け住宅
設置主体 行政手続き	限定なし（営利法人中心）	限定なし（個人も可、営利法人中心）登録制
入居条件	一般的になし	60才以上の高齢者、介護保険認定者と同居家族（法定） 介護度など（個別）
契約形態	普通建物賃貸借契約	建物賃貸借契約（普通・終身・定期）＋サービス（基本・追加）利用契約、利用権契約もあり
居室の権利	賃借権 賃借権を相続できる 居室移動なし	賃借権、終身賃借権、利用権 賃借権を相続できない 居室移動なし
居室面積 設備	規定なし（住生活基本法による単身最低居住面積25㎡〜29㎡）	原則25㎡以上（浴室・台所共用は18㎡以上）、バリアフリー構造・設備の規定あり
提供サービス	なし	法定：状況把握（安否確認）と生活相談 任意：食事・介護・家事など
介護サービス	外部の事業者と個別契約	外部の事業者と個別契約 特定施設認定サ高住は内部のスタッフがサービスを提供
利用料の支払い	月払い方式 （事業者や地域の商習慣による）	月払い方式 一括前払い方式あり（終身賃貸借・利用権）

	有料老人ホーム	特別養護老人ホーム
設置主体 行政手続き	法人（個人は不可、営利法人中心）届出制（義務）	社会福祉法人、地方公共団体など
入居条件	高齢者（概ね60才以上）	65才以上、要介護3以上 市区町村に申込み、優先度の高い方から入所
契約形態	利用権契約 （生活支援と住まいが一体）	入所契約 （居住、生活支援、介護が一体）
居室の権利	利用権、賃借権もあり 利用権は相続できない 居室移動あり	施設入所 相続対象ではない 居室移動ありうる
居室面積 設備	13㎡以上（原則個室） 食堂、浴室、トイレ、談話室、機能訓練室など	相部屋あり 1人当たり10.65㎡以上、設備の設置基準あり
提供サービス	食事、介護、家事援助、健康管理のいずれかを提供	食事、介護、医療など生活全般
介護サービス	介護付きはホームの職員が提供、住宅型は外部の介護事業者と個別契約	施設の職員が提供 （収入により自己負担金額が異なる）
利用料の支払い	前払い（入居一時金）と月払いの併用	月払い （収入により自己負担金額が異なる）

2) チェックリスト

見学時チェックリスト

施設名　　　　　　　　　　　見学日　　年　　月　　日

生活　＊自分らしい生活を続けたい＊

◆食事…○調理…【建物内で調理／外部で調理したものを温め／その他（　）】
　　　　○症状に合わせた料理…[糖尿病食／きざみ食／その他（　）]

◆楽しみ…○レクリエーションやイベント（　）
　　　　○持込許可…[ペット／タバコ／酒／家具や仏壇／その他（　）]

◆環境…○立地…[都市型／郊外型]　最寄駅（　）まで【　】分 [徒歩・バス]
　　　　○周りの環境…[静か／ふつう／うるさい]　店舗【無/有】駐車場【無/有】

◆施設…○経営者…[株式会社／社会福祉法人／医療法人／その他（　）]
　　　　○入居者…入居者数【　】人、平均年齢【　】才、平均介護度【　】
　　　　○退去者…【　】人/年、主な退去理由（　）

◆状況把握…○方法…[1日（　）回／食事のとき／部屋に訪問／その他（　）]
　　　　○災害時…避難誘導 [無／有] 避難場所（　）避難方法（　）分 [徒歩（　）分]

医療　＊病気のときも安心して暮らしたい＊

◆提携クリニック　[なし／あり（往診できる・訪問看護できる）]
◆看取り　[経験なし／経験あり（部屋で・病院で・その他　）]
◆服薬管理　[できない／できる（薬剤師・その他　）]
◆夜間の緊急対応　[建物内に常駐する職員／建物外の職員／その他（　）]

メモ　(住宅の特徴や職員の印象など小さなことを書き留めましょう）

介護　＊介護が必要でも住み続けたい＊

◆入居の条件　自立・要支援（　）・要介護（　）、認知症（　）、健康状態（　）
◆退去の要件　自立・要支援（　）・要介護（　）、認知症（　）、健康状態（　）
　　　　住み続けられない迷惑行為の具体例（　）

◆今までの介護サービス[使えない／使える]
◆ケアマネージャー[継続できない／できる]◆介護事業所[建物内／外部]

お金（契約）　＊負担できる範囲で暮らしたい＊

入居するときの費用
敷金　　　　　　　　円
電化製品　　　　　　円
カーテン・家具　　　円
合計　　　　　　　　円

毎月の費用
家賃　　　　　　　　円
共益管理費　　　　　円
生活支援サービス費　円
水道・電気代
その他有料サービス費
介護保険自己負担金
合計　　　　　　　　円

◆支払い方法　[口座引き落とし／その他]
◆料金の変更　[なし／あり]
◆入院しているときも支払う費用
　家賃・共益管理費・生活支援サービス費・水道・電気代

◆保証人　必要人数【　】名、いないとき…保証会社・別途保証金・任意後見契約
◆身元引受人　【　】名　◆緊急連絡先　【　】名

契約時チェックリスト

はじめに書類を確認しましょう（もらわなければならない書類）

● 居室の契約書・重要事項説明書 (   )
● サービス契約書 【基本サービス】事業者名 (   )
　　　　　　　　【追加サービス】事業者名 (   )
● その他の書類 (   )

契約日　　年　　月　　日

○印はすべての項目を確認します。☆印は必要な項目を選んで確認します。

契約 *誰とどの部屋について契約するのか*

◆住まいのどの情報で確認することはなんですか？
○基本事項 【名称／所在地／管理業者名／契約期間／部屋番号／設備】
○契約方式 【普通建物賃貸借／終身建物賃貸借／定期建物賃貸借／利用権】

◆保証人などは必要ですか？
☆必要なときその役割 【連帯保証人／身元引受人／残置物引受人】
☆保証人がいないとき 【公的機関／保証会社・任意後見契約／その他】( )

◆解約はどうすればよいですか？
○方法【申し出る時期／方法】 ○お金【返ってくるお金／差し引かれるお金】

お金 *費用がどのくらい必要か*

◆入居するときや毎月どんなお金が必要ですか？
○住まいの費用【保証金（敷金）／家賃／共益費／光熱費／その他( )】
○基本サービス【生活相談／状況把握／緊急時の対応／夜間対応】
○追加サービス【食事／入浴／洗濯／掃除／介護／その他( )】

◆特別に支払うお金はありますか？
○住まいの維持管理費用【水漏れ修理／鍵の紛失／電球交換／模様替え】
○つき添い費用【通院／買い物／散歩】 ○退去時の原状回復費用
○もしものときの精算方法【入院したとき／長期不在のとき／延滞したとき】

◆支払いはどのようにしますか？
○毎月の支払い方法

医療・介護 *病気や介護が必要なときに安心か*

◆体調が変化しても住み続けられますか？
○医療が必要なとき 【連携機関／服薬管理／透析／その他( )】
○認知症になったとき (   )
○介護が必要なとき 【介護事業所／ケアマネージャー】
○看取りが必要なとき (   )

生活 *今までの暮らしが続けられるか*

◆今までと同じように生活できますか？
☆持ち込みできるもの【家具・仏壇・ペット・その他】
☆趣味の品【楽器・オーディオ・植物・その他】
☆その他【電化製品・固定電話・インターネット・新聞】
☆生活習慣【食堂・お風呂・飲酒・喫煙・家族の宿泊】

◆トラブルになることはどんなことですか？
☆迷惑行為【騒音・その他( )】 ☆鍵・貴重品の管理
☆退去するとき【申し出の時期／原状回復の範囲】
☆苦情窓口【居室／基本サービス／追加サービス】

メモ（チェックリストにない項目で確認したいことがあれば書きとめましょう）

このリストは契約書と一緒にここに大切に保管しましょう！

チェックリストの 🌼 にすべてがついた！
ほかに確認すべき項目がないか担当者に聞いた！

→ これで契約は完了

施設名
契約者　　　　　　担当者
　　　　　　　　　立会者

＊＊＊わからないことは裏面の相談先に相談してみましょう＊＊＊

参考資料　49

チェックリスト付録　契約書と重要事項説明書の項目

　契約書と重要事項説明書の様式は、地域やサ高住により異なります。以下は一般的な契約書と重要事項説明書の項目です。

＊サ高住情報提供システムと神戸市の書式をもとに筆者作成
　解約の際、特に気を付けるべき項目を□で囲んだ

参考とすべき入居契約書（普通建物賃貸借契約　毎月払い）

1. 賃貸借の目的物　2. 契約期間　3. 賃料等

4. 状況把握・生活相談サービスの内容等

5. 貸主及び管理業者　6. 借主及び同居人

第1条　契約の締結　第2条　契約期間　更新等

第3条　使用目的　第4条　賃料　第5条　共益費　第6条　敷金

第7条　状況把握・生活相談サービスの内容、料金等

第8条　反社会的勢力の排除　第9条　禁止又は制限される行為

第10条　契約期間中の修繕　第11条　契約の解除

第12条　借主からの解約　第13条　契約の消滅

第14条　明渡し　第15条　明渡し時の原状回復

第16条　残置物の引取り等　第17条　立入り

第18条　債務の保証　第19条　緊急連絡先の指定

第20条　協議　第21条　特約条項

別表1・別表2・別表3・別表4・別表5

重要事項説明書

1. 事業者の概要　2. 事業の概要　3. 建物概要

4. サービスの内容　5. 職員体制　6. 利用料金

7. 入居者の状況　8. 苦情・事故等に関する体制

9. 入居希望者への事前の情報開示　10. その他

別添1　設置者が実施する他の介護サービス

別添2　提供するサービスの一覧表

3）サ高住解約のてびき

大切なことを自分で聞いて契約！
サ高住 解約のてびき
（サービス付き高齢者向け住宅）

**退去する時には
このてびきを活用しましょう！**

◆サ高住を解約するときに大切なこと

サ高住は、高齢者向けの有料サービス付きの賃貸住宅です。退去する時は、契約書の解約に関する条項を確認します。「思わぬ費用がかかった」「希望通りに解約できなかった」とならないように、しっかりと確認しましょう。

◆解約するときは信頼できる人に立ち会ってもらいましょう

「契約」は法的拘束力のある約束です。そのため、解約するときには「契約書」の確認が欠かせませんが、住まいに関わる契約書類は、質量ともに複雑でわかりにくいものです。
　家族や友人、専門家など、契約についてよくわかった方に立ち会ってもらうと安心です。

◆解約時チェックリストの使い方

解約を考えた時や申し出た時、担当者に立ち会って部屋の状況を確認する時に、チェックリストを活用します。担当者の説明を一方的に聞くのではなく、確認する情報を消費者自身でチェックします。リストの項目を確かめると、解約に必要な情報がもれなく得られ、記録できます。

◆退去時のポイント

1. 利用したサービスや部屋の状況を確認します。
2. 入居時の写真や書類を用意します。
3. 部屋の傷や汚れの補修、取り換えを、貸主と借主のどちらが負担するのか、契約書を元に話し合います。

※参考資料
　原状回復の費用負担に関する一般的な考え方を、国が公表しています。
　厚生労働省「原状回復をめぐるトラブルとガイドライン」
http://www.mlit.go.jp/jutakukentiku/house/jutakukentiku_house_tk3_000021.html

参考資料　51

解約時チェックリスト

記入日　年　月　日

○施設名

○経営者名

○退去申し出日（　　月　　日）→※死亡退去の場合：死亡日（　　月　　日）

○契約終了日（　　月　　日）　　　○退去予定日（　　月　　日）

○荷物の搬出（　　月　　日）　　○搬出業者（　　　　　　　）

○契約書面（住まい・サービス）の確認

　①ある　②なし→写し（コピー）の請求（　　月　　日）

○解約書面の提出先

　担当者氏名（　　　　　　　　　）　連絡先Tel（　　　　　　　　）

○退去時立ち合い

　①本人・親族・身元引受人等（　　　　　　　）　②施設担当者（　　　　　）

生活　＊利用したサービスや部屋の現状を確認します＊

○食事サービス（　　月　　日）　朝　昼　夕食　まで利用

○家事支援サービス（　　月　　日）まで利用

○介護サービス（　　月　　日）まで利用

○持ち込んだ私物のリスト

　①搬出するもの（　　　　　　　　　）②処分するもの（　　　　　　　）

○預けていた貴重品の受領（　　月　　日）

○鍵の返却（　　本）（　　月　　日）

○部屋の現状を確認した日（　　月　　日）、確認者（　　　　　　　）

　　部屋の中で気になる傷・汚れ　①ある　②なし

　　①天井・壁・床　②水回り（洗面所・トイレ・キッチン・浴室）

　　③電気器具（エアコン・電灯等）　④その他（　　　　　　　）

　　入居時からの傷・汚れ　証拠写真　①ある　②なし

　　（場所　　　　　　　　　　　　　　　　　　　　　　　　　）

　　入居中の傷・汚れ

　　（場所　　　　　　　　　　　　　　　　　　　　　　　　　）

お金　＊返金額と支払額を確認します＊

○敷金の精算　　①全額返還（　　　　　　　　円）

　　　　　　　　②一部費用精算して返金（　　　　　　　円）

　②の場合の控除額

　　原状回復費用　見積額（　　　　　　　　円）

　　支払い決定額（　　　　　　　円）

　　見積の実施　　①入居者　　②事業者

　　見積書の確認　①ある　　　②なし

　　敷金の返金を受けた日　（　　月　　日　）

○家賃の精算　　（　　　　　　円　※　　月　　日分まで）

　共益費の精算　（　　　　　　円　※　　月　　日分まで）

○未払金の精算　（　　　　　　円）

　　光熱費（　　　　　円）、食事サービス（　　　　円）、

　　その他サービス（　　　　円）

　　未払金の支払期限　（　　月　　日　）

○その他の費用：不要家財の処分等　（　　　　　円）

○契約書に精算に関する記載　　①ある　　　②なし

メモ　＊必要な手続きを確認します＊

　　※住所変更：役所関係（転居届 or 転入・転出届、ﾏｲﾅﾝﾊﾞｰｶｰﾄﾞ、印鑑証明…）

　　　　　　　年金、ライフライン（水道・電気・ガス）、不動産・自動車…、

　　　　　　　金融（保険・預貯金・株式…）、通信（郵便・ｲﾝﾀｰﾈｯﾄ・電話）、

　　　その他：死亡届、葬儀

> チェックリストにない項目で確認したことがあれば書きとめましょう。

＊＊＊わからないことは裏面の相談先に相談してみましょう＊＊＊

サ高住（サービス付き高齢者向け住宅）の解約時に役立つ情報

◆サ高住の登録情報の確認

https://www.satsuki-jutaku.jp/

サービス付き高齢者向け住宅情報提供システム （都道府県をクリックして検索）

◆保証人がいないときなどに利用できる制度

家賃債務保証制度…財団が連帯保証人の役割を担い、賃貸住宅への入居を支援
※対象となる住宅は財団と協定締結しているものに限られ、対象となる世帯や保障の対象と限度額が定められています。保証料は2年間の保証で月額家賃の35%。

問合せ先：一般財団法人高齢者住宅財団　☎　03-3206-5323

◆相談窓口

- サ高住の契約に関する相談をしたいとき
  …**市・都道府県の消費生活センター**　☎
  …**国民生活センター**　☎　03-3446-0999（平日11時～13時（年末年始、土日祝を除く）

- お金や通帳の管理に困ったとき…**市・都道府県の社会福祉協議会**　☎

- 判断能力に不安を感じたとき
  …**成年後見支援センター、リーガルサポートセンターなど**　☎

- 安心入居に関する情報がほしいとき…**都道府県の居住支援協議会**　☎

- 介護保険に関して問い合わせたいとき…**市町村の介護保険課**　☎

あ と が き

　介護保険制度の導入時、阪神淡路大震災を経験した神戸市の職員たちは、全国でも珍しい市民目線の取り組み（介護保険テレフォンの設置、介護保険と消費者保護の連携など）を展開してくれました。また、婦人団体や消費者団体は、一人暮らしの高齢者だけでなく、高齢者夫婦世帯も対象にした地域の見守り活動をしてくれました。地域の見守り活動は、高齢者の孤立死を防止するだけでなく、戸別訪問による消費者被害の早期発見と被害拡大の防止にも寄与してきました。こうした神戸市だからこそ、サ高住に関する消費者問題を理解し、介護問題研究会の活動を応援してくれたのだと思います。

　サ高住の契約には、住まいの契約だけでなく、基本サービスや付随サービス（食事・洗濯や介護など）に関する契約も関わってくるため、消費者保護の部局だけで対応することは困難です。入居後に生じるトラブルについても、住まいや医療・介護などの関係機関とも連携できる総合相談窓口の設置が必要です。

　その足がかりとして、各自治体や消費者団体は、神戸市のホームページで公開されている「サ高住情報パンフレット」「サ高住契約のしおり」「サ高住解約のしおり」を活用して欲しいと思います。まずは、それらに掲載されている神戸市の相談窓口などの電話番号を各地域の情報に変更したうえで、前書や本書の解説を参考にしつつ、チェックリストの普及をはかることから始めてもらえればと思っています。

2019年2月

監修者・本澤巳代子

監　　修：筑波大学医学医療系客員教授　　本澤巳代子

（筑波大学名誉教授、法学博士）

著　　者：消費生活マスター　介護問題研究会

　　消費生活マスターとは、多様化・複雑化する消費者問題に対応するため、神戸市が養成した消費者問題の解決方法の提案ができる人材です。100時間にも及ぶ専門講座「神戸コンシューマー・スクール」を修了しており、法律や経済などの幅広い知識を備え、多様な解決策を提案します。介護問題研究会は消費生活マスター有志により結成しました。本澤先生を指導教授として、介護をテーマにフィールドワークを含む研究会活動を実施。リーフレット、書籍『サ高住の探し方』『サ高住の決め方』報告書「ドイツにおける高齢者支援調査報告書」などの研究成果を発表しています。

研究会会員：

冷水登紀代（甲南大学法学研究科教授）

冨岡朝子（編集）・高松綾子（イラスト）・大戸道子・幸千尋・

浜本久恵・小笹淳・酒井恵理子・南畑早苗・山口順子

協　　力：神戸市消費生活センター消費生活マスター事務局